Christian Krell

Eine Idee für morgen

Über die Aktualität des Demokratischen Sozialismus

Schriftenreihe der Hochschulinitiative Demokratischer Sozialismus
Bd. 34

Der Autor

Prof. Dr. Christian Krell (1977) lehrt Politikwissenschaften und Soziologie. Er hat zur Europapolitik sozialdemokratischer Parteien promoviert und war von 2006 bis 2018 Angestellter der Friedrich-Ebert-Stiftung. Dort leitete er die Akademie für Soziale Demokratie und das Büro für die Skandinavischen Länder in Stockholm. Von 2018 bis 2021 war er Professor für Staatsrecht und Politik an der Hochschule des Bundes, seit 2021 ist er an der HSPV NRW. Die Zeitschrift *Neue Gesellschaft / Frankfurter Hefte* wird von Krell mitherausgegeben und er ist Honorarprofessor der Rheinischen Wilhelms-Universität Bonn.

Der Zeichner

Dipl. Des. Ansgar Lorenz (1979) lebt und arbeitet als Illustrator in Mannheim. Er hat zur Geschichte der Gewerkschaften und Arbeiterbewegung diplomiert, die 2009 in Buchform im Wilhelm Fink Verlag erschienen ist. Für den Verlag illustriert er seitdem die erfolgreiche Reihe «Philosophische Einstiege». 2013 veröffentliche er mit der Historikerin Prof. Dr. Helga Grebing eine illustrierte Biografie zu Willy Brandt und konzipierte mit ihr eine Comicreihe zur Geschichte der Frauen in der Sozialdemokratie. Neben seiner freiberuflichen Tätigkeit arbeitet er derzeit an der Universität Mannheim und erstellt Grafiken für die Lehre. Mehr Informationen unter: www.ansgarlorenz.de

Christian Krell

Eine Idee für morgen

ÜBER DIE AKTUALITÄT DES DEMOKRATISCHEN SOZIALISMUS

SCHÜREN SHORTS

Bibliografische Information der Deutschen Nationalbibliothek
Die Deutsche Nationalbibliothek verzeichnet diese Publikation in der Deutschen Nationalbibliografie; detaillierte bibliografische Daten sind im Internet über
http://dnb.d-nb.de abrufbar.

Schüren Verlag GmbH
Universitätsstr. 55 | 35037 Marburg
www.schueren-verlag.de

Gestaltung: Erik Schüßler
Umschlaggestaltung und Abbildungen: Ansgar Lorenz
Druck: Plump Druck & Medien, Rheinbreitbach
Printed in Germany
Gedruckt auf Recyclingpapier 90 g Circle Bulk
ISBN 978-3-7410-288-5

Inhalt

«Und darum geht es mir … Du musst Dein Leben haargenau so leben, wie Du es willst, nicht für irgendjemand anderen. Wir stehen vor großen Veränderungen, glaub mir. Freiheit und das Streben danach: Darum müssen wir uns stets bemühen. Die Zukunft mag ungewiss sein, aber sie steht Dir offen.»

(Benjamin Myers, *Offene See*)

1

Ist das Schulfest meines Sohnes Sozialismus?

Das Sommerfest an der Schule meines Sohns war ein voller Erfolg. Es gab jede Menge köstlicher Sachen zu essen. Spezialitäten aus allen möglichen Ländern, alles selbst gebacken oder gekocht. Um die Schule herum waren spannende Spielstationen aufgebaut. Klassiker wie Sackhüpfen waren darunter, auch ein anspruchsvoller Kletterparcours und Vorlesestationen. Beim Kinderschminken konnte jeder und jede sich schminken lassen, egal wie und egal welchen Geschlechts.

Einige Spiele waren von Lehrerinnen und Lehrern vorbereitet, andere von Eltern. Manche Eltern hatten auch einen Getränke-Ausschank organisiert, verkauft wurde zum Einkaufspreis. Auf allzu süße und ungesunde Limonaden wurde dabei verzichtet.

Wochenlang wurde geplant und vorbereitet. Manchmal war strittig, ob dies oder das gemacht werden soll. Dann wurde abgestimmt. Alle haben die Abstimmung akzeptiert und gemeinsam weitergemacht.

Viele haben sich eingebracht, jeder nach seinen Möglichkeiten. Und fast jeder hat mitgefeiert, mitgelacht und mitgegessen, ganz nach seinen Bedürfnissen. Die Elternschaft war dabei so bunt wie das Leben selbst. Bankerin, Gebäudereiniger, Anwalt, Programmierer, Hausmann und Steuergehilfin, viele Berufe kommen bei den Eltern zusammen. Mit dabei war auch eine Mutter ohne Arbeitserlaubnis. So unterschiedlich auch alle sind, in der Vorbereitung und beim Fest sind sich alle als Gleiche begegnet. Jeder konnte und durfte mitmachen und mitentscheiden.

Ein Fest für alle

Wahrscheinlich wäre niemand an diesem September-Nachmittag auf die Idee gekommen, all das streng kapitalistisch oder autoritär zu organisieren. Das hätte bedeutet: Eintrittspreise an jeder Spielstation, bei den begehrten natürlich höhere Preise. Angebot und Nachfrage regeln den Preis. Keine Kuchenspenden, sondern Kuchen als Ware nur für diejenigen, die ihn sich leisten können. Und dass es bei der Limo einen ordentlichen Preisaufschlag gibt, ist ja klar, schließlich geht es um Gewinnmaximierung. Kein gemeinsames Überlegen und Abstimmen darüber, was man anbietet, sondern ein Markt, der die Dinge regelt und im Zweifelsfall ein Machtwort der Schulleitung.

Das, was wir gefeiert haben, war ganz anders. Niemand der Eltern oder der Kinder wollte wahrscheinlich ausdrücklich ein sozialistisches Schulfest organisieren. Und doch ist etwas entstanden, was ziemlich genau den Prinzipien des demokratischen Sozialismus entspricht. Demokratisch, frei, mit Rücksicht aufeinander und auf die jeweiligen Fähigkeiten und Bedürfnisse.

Aber ist das schon demokratischer Sozialismus, wenn alle gemeinsam ein Fest organisieren, sich dabei auf Augenhöhe begegnen und nicht den Geldbeutel, das Geschlecht oder die Hautfarbe entscheiden lassen? Bei der Antwort hilft ein genauerer Blick auf das, was demokratischer Sozialismus eigentlich ist und was sich mit dieser Idee verbindet.

Demokratischer Sozialismus

Die Anfänge dieser Idee liegen weit zurück. Sie können mit der Französischen Revolution von 1789 und der Philosophie der Aufklärung in Verbindung gebracht werden. Über zwei Jahrhunderte hinweg haben Ideen des demokratischen Sozialismus Gesellschaften in allen Teilen der Welt geprägt. Und auch heute noch taugen diese Ideen für Zukunftsentwürfe.

In zehn kurzen Abschnitten sollen jeweils wesentliche Gedanken aus der Ideenwelt des demokratischen Sozialismus skizziert werden. Sie folgen historisch lose aufeinander, ohne dass daraus schon eine umfassende Geschichte des demokratischen Sozialismus entstünde.

Politische Ideen und politische Bewegung

Die Ideengeschichte wird dabei immer wieder verbunden mit der Bewegungsgeschichte. Denn das, was Theoretiker:innen vorgedacht haben, hat oft die politische Praxis und das unmittelbare Leben vieler Menschen beeinflusst. Und umgekehrt haben die praktischen Erfahrungen, die in der Arbeiterbewegung und darüber hinaus gemacht wurden, auch die politischen Ideen beeinflusst. Wer wissen will, was es mit dem demokratischen Sozialismus auf sich hat, muss beides in den Blick nehmen: Theorie und Praxis.

2
Freiheit und Gleichheit

Was Karl Marx über das Reich der Freiheit dachte

Keine Freiheit, nirgends. So lässt sich die Situation für die allermeisten Menschen in Europa im ausgehenden 18. Jahrhundert beschreiben. Der Feudalismus begründete Gesellschaften, in denen die Landesherren ihre Untertanen fest im Griff hatten. Manche Menschen waren wie Waren im Besitz weniger Adeliger. Freiheitsrechte waren kaum und wenn dann nur für einzelne Gruppen in den Gesellschaften vorhanden.

Mit einer neuen Wirtschaftsform – dem sich von England ausbreitenden Industriekapitalismus – änderte sich in den Freiheitsspielräumen der Menschen zunächst nur wenig. Er wirbelte zwar die Gesellschaften durcheinander, der Adel verlor an Bedeutung und neue soziale Klassen entstanden, aber er führte auch zu neuen Formen der Ausbeutung. Zu Millionen mussten sich Männer, Frauen und Kinder in den Fabriken verdingen, die etwa ab der Mitte des 19. Jahrhunderts wie Pilze aus dem Boden schossen. Die kapitalistische Produktionsweise schuf unglaubliche Reichtümer in rascher Zeit – von denen aber nur die wenigsten profitierten. Die Lebens- und Arbeitsbedingungen der allermeisten waren von Hunger, Ausbeutung, Not und einem ständigen Überlebenskampf geprägt.

Kapitalismus bringt Reichtum. Und Armut.

Unfreiheit und Ungleichheit – das ist der Hintergrund, vor dem erste sozialistische Ideen entstanden. Es ist kein Zufall, dass die französischen und englischen Frühsozialisten dabei eine Vorreiterrolle einnahmen. Denn in Frankreich und Großbritannien entfalteten sich die Entwicklungen, die die alte, mittelalterlich-ständische Gesellschaft zum Erliegen brachten, früher als in anderen Teilen Europas.

Einer der bekanntesten französischen Frühsozialisten war Claude-Henri de Saint-Simon (1760–1825). Er sah weniger im Industriekapitalismus selbst, als im Privatbesitz von Produktionsmitteln, die Ursache für Ausbeutung. Saint-Simon und seine Schüler traten dafür ein, dass die Produktionsmittel letztlich im Besitz des Staates bleiben sollten. Einen etwas anderen Weg schlug Robert Owen (1771–1858) vor. Auch er sah den Privatbesitz an Produktionsmitteln problematisch, aber schlug vor, dass die Arbeiter und Arbeiterinnen sich in Produktionsgenossenschaften selbst organisierten. So sollte der Ertrag ihrer Arbeit auch vollständig in ihren Händen bleiben.

In Deutschland nahm der Schneidergeselle Wilhelm Weitling (1808–1871) eine wichtige Rolle ein. Er betonte, dass alle Menschen frei und gleich seien. Dabei müssten aber immer auch die Grenzen anderer berücksichtigt werden. Die Freiheit des einen dürfe also nicht auf Kosten der Freiheit anderer durchgesetzt werden. Es ist mehr als ein Zufall, dass seine Überlegungen an den kategorischen Imperativ des bekanntesten deutschen Philosophen der Aufklärung, Immanuel Kant (1724–1804), erinnern. Weitling schrieb: «Jeder besitzt außerhalb des Rechts Anderer die größtmögliche Freiheit seiner Handlungen und Reden» (Weitling, 1845 in Krell/Woyke, 2015: 98).

Weitling: «Größtmögliche Freiheit für jeden»

So unterschiedlich die jeweiligen Frühsozialisten im Detail auch gedacht haben mögen, sie hat vieles verbunden. Sie verfolgten die Idee einer Gesellschaft, in der die Menschen frei und gleich sind in ihren Rechten. Und das in einer Zeit, in der politisch, ökonomisch und sozial völlige Ungleichheit herrschte. Deshalb verbanden sie ihre Forderungen nach gleichen politischen Rechten auch mit wirtschaftlichen und sozialen Forderungen: Die Ausbeutung des Menschen durch den Menschen sollte überwunden werden durch eine harmonische und solidarische Organisation von Wirtschaft und Gesellschaft.

Damit werden Überschneidungen und Unterschiede zu einer anderen politischen Idee deutlich, die auch in dieser Zeit entstand: Der politische Liberalismus. Mit ihm teilten die Frühsozialisten die Vorstellung, dass alle Menschen über gleiche Rechte verfügten. Der politische Liberalismus beschränkte diese Idee aber im Wesentlichen auf den Bereich politischer und bürgerlicher Freiheitsrechte. Dass auch wirtschaftliche und soziale Rechte maßgeblich sind, um tatsächlich Unfreiheit und Not zu überwinden und jedem gleiche Freiheitsspielräume im Leben zu ermöglichen, das war die Perspektive der Sozialisten, die die Liberalen in der Mehrheit nicht teilten.

In dieser Zeit der Frühsozialisten entstand auch schon eine erste Unterscheidung zwischen Sozialismus und Kommunismus. Die Sozialisten galten als diejenigen, die ein gesellschaftliches Eigentum an Produktionsmitteln wie Fabriken, Rohstoffen oder Maschinen vorsahen, aber darüber hinaus nicht in den Privatbesitz eingriffen. Die Kommunisten galten als diejenigen, die darüber hinaus eine umfassende Gütergemeinschaft forderten, also weitgehend ohne jeden Privatbesitz (vgl. Offermann, 1986: 191).

Die bis heute bekanntesten Denker zu den Ideen des Sozialismus sind Karl Max und Friedrich Engels. Ihre Werke gehören – nach religiösen Werken wie der Bibel oder dem Koran – zu den auflagenstärksten Publikationen weltweit. Sie hatten erheblichen Einfluss auf Theorie und Praxis des Sozialismus. Und das ist kein Zufall. Auch heute noch wird die Kraft ihrer Sprache sofort deutlich: Sie wollten Ausbeutung überwinden und ein «Reich der Freiheit», in dem «das Arbeiten, das durch Not und äußere Zweckmäßigkeit bestimmt ist, aufhört» (MEW 25: 828).

Bestseller-Autoren: Karl Marx und Friedrich Engels

Karl Marx (1818–1883)

Ausgangspunkt ihrer Analyse war – ähnlich wie bei den Frühsozialisten – die Untersuchung der verheerenden Realität des Industriekapitalismus. Sie verstanden sich aber als diejenigen, die einen wissenschaftlichen Sozialismus verfolgten. Es ging ihnen darum, mit wissenschaftlichen Methoden und Standards politische Positionen zu begründen, nicht nur mit moralischen Urteilen. Sie kamen zu dem Schluss, dass es zu jedem Zeitpunkt in der Geschichte Klassengegensätze gegeben habe. Zwischen Sklaven und Sklavenhaltern oder zwischen Adeligen und Leibeigenen zum Beispiel. Diese Gegensätze haben sich dann in Revolutionen entladen, die wiederum die Gesellschaften insgesamt auf eine höhere Entwicklungsstufe gebracht hätten. Die vormaligen

Friedrich Engels (1820–1895)

Gegensätze waren darin aufgehoben. In diesem dialektischen Ansatz nahmen Marx und Engels Bezug auf die Ideen des deutschen Philosophen Georg Wilhelm Friedrich Hegel (1770–1831).

Marx und Engels gingen davon aus, dass auch der Industriekapitalismus des 19. Jahrhunderts mit seiner Ausbeutung und Unfreiheit zerbrechen werde. Diese Gesellschafts- und Wirtschaftsform, in der eine Klasse – die Bourgeoisie – auf Kosten einer anderen – des Proletariats – lebte, würde überwunden zugunsten einer Gesellschaft der Freien und Gleichen: «An Stelle der Klassen und Klassengegensätze tritt eine Assoziation (der Produzenten), worin die freie Entwicklung eines jeden, die Bedingung für die freie Entwicklung aller ist». (MEW 4: 482)

Die Marx-Engels'sche Emanzipationsidee war hoch attraktiv. Im ausgehenden 19. Jahrhundert verbreitete sie sich und beeinflusste die Parteien der Arbeiterbewegung (vgl. Morina, 2017). Auch die deutsche SPD griff im Erfurter Programm (1891) wesentliche Thesen aus Marx' *Kapital* auf. Neben den konkreten Ideologiebausteinen, die in die Programmatik des demokratischen Sozialismus einflossen, waren Marx und Engels auch Symbolfiguren, die die politischen Bewegungen des Sozialismus mit ihrer Verheißung eines Siegs der Arbeiterklasse und einer freien Gesellschaft motiviert haben.

Motivierende Idee …

Der ikonische Charakter von Marx und Engels verkleisterte den Blick auf Widersprüche und ungelöste Fragen in ihrem Werk. So ist unklar, wie genau denn der Übergang von einem Reich der Notwendigkeit zu einem Reich der Freiheit gelingen könne. Der Verweis auf Revolutionen als «Lokomotiven der Geschichte» (MEW 7: 85), die den Fortschritt bringen werden, lässt mehr offen, als er erklärt. Thomas Meyer (1973) hat deutlich gemacht, dass in Marx' Werk sowohl die Möglichkeit eines radikalen ökonomischen und politischen Bruchs durch eine Revolution angelegt war, als auch die Möglichkeit einer schrittweisen Veränderung durch demokratische Reformen. Kein Wunder also, dass sich in der Folge alle möglichen politischen Bewegungen und Praktiken auf Marx und Engels berufen konnten.

… aber allerhand Widersprüche.

Bereits bei Engels gibt es einen Hinweis darauf, dass es unterschiedliche Strömungen im sozialistischen Lager gäbe. Es gäbe die «demokratischen Sozialisten», die ähnliche Maßnahmen treffen wollten wie die Kommunisten, zum Beispiel die Errichtung einer demokratischen Staatsverfassung, «aber nicht als Übergangsmittel zum Kommunismus, sondern als Maßregeln, welche hinreichend sind, um das Elend aufzuheben und die Übel der jetzigen Gesellschaft verschwinden zu machen.» (MEW 4: 378)

Was bleibt von Marx, Engels und den Frühsozialisten für den demokratischen Sozialismus? Sie haben die Umbrüche ihrer Zeit gedeutet, eine für die junge Arbeiterbewegung motivierende Erzählung entfaltet, die Idee des Sozialismus in die Welt getragen und das Bild einer Gesellschaft ohne Ausbeutung beschrieben, in der die Menschen gleichermaßen frei sind und entsprechend ihrer Neigungen und Bedürfnisse leben können. Allerhand für den Auftakt.

3

Frauenwahlrecht!

Wie Rosa Luxemburg für die Emanzipation einstand

Wenn alle Menschen frei und gleich leben, dann bedeutet das auch, dass Männern und Frauen gleiche Rechte zustehen und dass Menschen aller Geschlechter die gleichen Chancen auf ein selbstbestimmtes Leben haben. Die gesellschaftliche Realität war und ist davon freilich weit entfernt. Im 19. Jahrhundert war etwa die Vorstellung populär, dass Frauen alleine aufgrund ihrer körperlichen Beschaffenheit nicht rational denken und deshalb auch nicht wählen sollten.

Die Emanzipation der Frauen und das gleichberechtigte Miteinander der Geschlechter gehören zu den Kernbausteinen des demokratischen Sozialismus. Weitreichende Forderungen dazu finden sich bereits in den Schriften der Frühsozialisten. Für Charles Fourier (1772–1837) war der Stand der Emanzipation der Frauen ein Gradmesser für den gesellschaftlichen Fortschritt. Und der langjährige Vorsitzende der SPD, August Bebel (1840–1913), schrieb das wahrscheinlich auflagenstärkste Buch in der Geschichte der demokratischen deutschen Arbeiterbewegung ausgerechnet zur Frage der Emanzipation: *Die Frau und der Sozialismus* (1879) wurde allein bis 1913 53 Mal aufgelegt und entwickelte sich zu einem «realutopischen Kult- und Kursbuch der sozialdemokratischen Arbeiterbewegung in ganz Europa» (Grebing, 2015: 56).

Gradmesser für gesellschaftlichen Fortschritt: Emanzipation

«Her mit dem Frauenwahlrecht!» – unmissverständlich brachte Rosa Luxemburg (1871–1919) ihre Forderung beim II. sozialdemokratischen Frauentag 1912 auf den Punkt. Sie war wahrscheinlich nicht die bekannteste Vertreterin der Frauenbewegung zu dieser Zeit. Ihre Schriften und Reden befassten sich mit Ideen zu einer sozialistischen Demokratie und sie bekämpfte leidenschaftlich den Nationalismus. Aber dass mit ihr eine Frau über Jahrzehnte hinweg

Rosa Luxemburg (1871–1919)

zur Spitze der SPD gehörte, das hatte auch eine hohe symbolische Wirkung. In einer Zeit, in der die Vorstellung vorherrschte, dass Frauen sich um Kinder, Küche und Kirche zu kümmern haben und aufgrund ihrer vermeintlichen Emotionalität gar nicht in der Lage seien, politisch zu denken, war sie der Prototyp einer modernen Spitzenpolitikerin.

Kein Wunder also, dass die Parteien des demokratischen Sozialismus in ihrer Programmatik und Praxis Fragen der Gleichberechtigung aufnahmen. Im Erfurter Programm der SPD (1891) wurde

«Männer und Frauen sind gleichberechtigt.»

Simone de Beauvoir (1908–1986)

das aktive und passive Frauenwahlrecht gefordert. 1918 war es in Deutschland endlich so weit. Als 1948 das Grundgesetz beraten wurde, war aber immer noch umstritten, ob die Formulierung «Männer und Frauen sind gleichberechtigt» so ins Grundgesetz aufgenommen werden sollte. In den Beratungen um ein neues Grundgesetz orientierte man sich zuerst an der Formulierung aus der Weimarer Reichsverfassung. Dort hieß es «Männer und Frauen haben grundsätzlich die gleichen staatsbürgerlichen Rechten und Pflichten.» Es brauchte mit Elisabeth Selbert eine engagierte Sozialdemokratin, um die viel weitergehende Formulierung nach der tatsächlichen

Gleichheit von Mann und Frau in allen Bereichen durchzusetzen.

Auch modernere Konzepte des Feminismus nehmen immer wieder Bezug zu Ideen des demokratischen Sozialismus. Die «vielleicht wichtigste Stichwortgeberin des modernen Feminismus» (Misik, 2015: 94) Simone de Beauvoir (1908–1986) stand sozialistischen Ideen nahe. Die von ihr gegründete Widerstandsgruppe gegen die nationalsozialistische Besatzung Frankreichs trug den Namen «Socialisme et Liberté». Ihre ebenso eindrucksvolle und wie klare Feststellung war folgenreich «Man kommt nicht als Frau zur Welt, man wird es.» (Beauvoir, 1951: 265)

Am Ende ist es ganz einfach: Es geht darum, ein Mensch zu sein. Und zwar, ohne dass andere einem einen Stempel aufdrücken, wer und wie man zu sein hat.

4
Revolution oder Reform
Wie Eduard Bernstein Bewegung ins Spiel brachte

Wie erreicht man gesellschaftliche Veränderungen? Die Beatles hatten 1968 ein klares Konzept: Revolution. In ihrem gleichnamigen Chart-Hit heißt es: «You say you want a revolution. Well, you know, we all want to change the world.»

Wie man eigentlich genau die Welt verändern kann, war eine Kernfrage im demokratischen Sozialismus. Nicht erst seit Marx und Engels gab es die Vorstellung, dass eine Revolution kommen wird – irgendwie, irgendwo, irgendwann. Wie genau sie sich vollzieht, ob die Arbeiterbewegung sie aktiv organisieren soll, oder nur darauf warten solle, war umstritten. Und ob aus dem Zusammenbruch einer schlechten Ordnung zwangsläufig etwas Besseres entstehen würde, das war offen.

Wie man Fortschritt erreichen könnte, wurde in der SPD heftig diskutiert. Ihr Parteiprogramm von 1891 zielte einerseits auf einen revolutionären Umschwung, nannte aber andererseits auch zahlreiche einzelne Reformschritte, die man jenseits einer umfassenden Revolution verwirklichen könnte.

Revolution oder Reform?

Dass die Frage, wie Veränderungen erreicht werden könnten, für die SPD zu Beginn des 20. Jahrhunderts immer drängender wurde, lag auf der Hand: Sie wurde allmählich zur stärksten Partei im Deutschen Reich. Sowohl im Reichstag, bei den Wählerstimmen und bei der Mitgliederzahl war sie tatsächlich «die stärkste der Parteien» – wie es in der «Internationalen» hieß. Reale Macht bedeutete das allerdings nicht. Faktisch konnte die SPD mit dieser Stärke kaum etwas bewegen. War der Gedanke an eine Revolution, mit der man an die Macht kommen könnte, da nicht verlockend?

Kleiner Mann, große Wirkung

Ein kleiner Mann setzte der Revolutionsromantik in seiner Partei etwas entgegen. Eduard Bern-

Eduard Bernstein (1850–1932)

stein (1850–1932) stand einer Revolution skeptisch gegenüber. In Folge der Sozialistengesetze im deutschen Kaiserreich verbrachte Bernstein einige Jahre im Londoner Exil (Pfahl-Traughber, 2020). Dort beobachtete er den britischen Kapitalismus und kam zu überraschenden Erkenntnissen.

Entgegen der Vorhersagen von Marx kam es nicht zu einem sich ständig zuspitzenden Klassenkampf zwischen Habenichtsen und denen, die alles besitzen, also zwischen Proletariern und der Bourgeoisie. Vielmehr wurde die gesellschaftliche Struktur differenzierter, auch mit starken Mittelschichten. Sogar ein gesellschaftlicher Aufstieg der Arbeiter in diese Schichten schien möglich. Eine Revolution, die sich auf die zunehmende Verelendung einer immer größeren Gruppe von Proletariern stützen sollte, schien nicht realistisch. Und wenn eine politische Bewegung sich als wissenschaftlich verstand, so wie die von Marx und Engels inspirierten Sozialisten, dann müsse sie das auch anerkennen.

Aus Bernsteins Perspektive war das allerdings kein Hindernis für gesellschaftliche Veränderungen. Denn er brachte eine weitere Erkenntnis mit aus seiner Zeit in England: Es gab nicht nur revolutionäre Strömungen im Sozialismus, sondern auch Kräfte, die auf einen schrittweisen Weg hin zu einer sozialistischen Gesellschaft setzten. Die noch heute bestehende Fabian Society sprach sich für einzelne Reformen aus, mit denen nach und nach Fortschritt und Veränderung erreicht werden könnten.

Diese Erkenntnisse brachte Bernstein seinen deutschen Genossen mit aus dem Londoner Exil. Er warb für einen graduellen Wandel, bei dem ein Schritt auf den anderen folgte. Die Strategie, auf eine Revolution zu warten, nach der dann alles von einem Schlag auf den anderen anders würde, das schien ihm unrealistisch. Der große «Kladderadatsch» von dem der langjährige Vorsitzende der SPD, August Bebel (1840–1913), redete, würde so schnell nicht kommen.

Mehr noch: Bernstein war skeptisch, dass eine komplexe und hochgradig ausdifferenzierte, moderne Gesellschaft ihre Funktionsweise von heute auf morgen durch eine ganz andere, alternative Funktionsweise ersetzen könne. Von einem Tag auf den anderen vom Kapitalismus in eine ganz andere Ordnung? Wie sollte das gelingen? Millionen von Wirtschaftsakteuren können nicht von heute auf morgen umgepolt werden.

Schritt für Schritt …

Auch zweifelte Bernstein, dass ein unter kapitalistischen Bedingungen sozialisiertes Proletariat sich unmittelbar für eine alternative Gesellschaftsform entscheiden werde. Im Gegenteil, wer die Selbstbestimmungsrechte der gesellschaftlichen Individuen ernst nimmt und wenn Wandel breit gesellschaftlich getragen sein soll (und nicht nur durch eine Elite vorgegeben), dann kann das realistischerweise nur in kleinen Schritten erfolgen. Damit verband sich auch ein striktes Bekenntnis zur Demokratie. Sie war nach Bernstein «Mittel und Zweck zugleich» (Bernstein, 1984 [1899]: 253). Sie war Mittel, um mit demokratischen Mehrheiten Veränderungen zu erreichen, und Zweck, weil nur in einer demokratischen Gesellschaft die gleichen Rechte und größtmöglichen Freiheitsspielräume für jeden erreicht werden können.

Eine Transformation der Gesellschaft müsse nach Bernstein durch Reformen aus dem bestehenden System gelingen. Veränderungen, die in Richtung eines veränderten gesellschaftlichen Interesses wirken, «müssen als Teillieferungen der Sozialismus selbst» (Meyer, 1977: 180) verstanden werden. Es geht, so eine andere prominente Formulierung, um ein «Hineinwachsen in den Sozialismus».

Entscheidend dabei ist, dass es nicht um jedwede Veränderung geht, sondern eine zielgerichtete Veränderung. An dieser Stelle führt Bernsteins vielleicht berühmtestes Zitat über das «Endziel des Sozialismus» in die Irre. «Dieses Ziel, was immer es sei, ist mir gar nichts, die Bewegung alles» (Bernstein, 1898: 556): Er hat später (Bernstein, 1984 (1899): 201 ff.) erläutert, dass es nicht um irgendwelche Veränderungen geht, sondern um Bewegung in Richtung umfassender Selbstbestimmung für alle Individuen in der Gesellschaft. Das Endziel dieser Bewegung sei allerdings kaum abstrakt zu benennen und schon gar nicht im Vorhinein festzulegen, da sich Gesellschaften und ihre Bedingungen immer ändern. Das, was Sozialismus ist, kann nicht von vornherein festgelegt werden.

... in die richtige Richtung.

In Bewegung bleiben, die gesellschaftlichen Verhältnisse und den Fortschritt fest im Blick und Schritt für Schritt daran arbeiten, ohne die naive Idee, dass mit einem Schlag alles ganz anders werden könnte. Diesen Mix aus Radikalität und realistischem Blick für die Veränderungsbereitschaft der Menschen hat Bernstein dem demokratischen Sozialismus hinterlassen. Dass es dafür vor allem eine Veränderung im Denken braucht, haben schließlich auch die Beatles aufgegriffen: «You'd better free your mind instead!» – singen sie in «Revolution».

5
Gleiche Rechte
Wie sich Hermann Heller die Soziale Demokratie vorstellte

Die Weimarer Republik (1918–1933) war die erste Demokratie in Deutschland. In ihr kam die Sozialdemokratie erstmals zu Regierungsverantwortung. Für die Debatte darum, was eigentlich demokratischer Sozialismus sein könnte und was das im konkreten Leben eines Menschen bedeute, waren die 1920er eine fruchtbare Zeit. Viele Ideen, die zum Teil erst Jahrzehnte später ihre Wirkmacht entfalten konnten, wurden in dieser Phase durchdacht.

Ein sozialer Rechtsstaat

Hermann Heller (1891–1933) war ein junger Staatsrechtler in der Weimarer Republik. Er gehörte zu den wenigen Vertretern seiner Zunft, die unzweifelhaft für die Demokratie eintraten und die neue Republik bejahten (Scholle, 2023). Und mehr noch: Ihm ging es darum, die Demokratie auszubauen und weiterzudenken. Entscheidend für ihn war dabei die Idee eines «sozialen Rechtsstaates».

Mit dieser Idee verband Heller die Ausdehnung des Rechtsstaatsgedankens auf die Arbeits- und Wirtschaftsordnung, die «rechtsstaatliche Vergesetzlichung der Wirtschaft» (Heller, 1971: 461). Das meint, dass sich die demokratischen Rechte nicht nur auf politische Beteiligung erstrecken sollten – zum Beispiel Wahlfreiheit oder Meinungsfreiheit – sondern dass auch die wirtschaftlichen Verhältnisse durch demokratische Spielregeln beeinflusst werden sollten – zum Beispiel durch eine Sozialbindung des Eigentums.

Ob die Produktionsmittel vergesellschaftet werden müssen oder nicht, diese Frage verlor an Bedeutung angesichts der Idee, dass man mit einem demokratischen Verfassungsstaat die Regeln für die Wirtschaft so gestalten kann, dass Ausbeutung überwunden würde. Mithilfe des demokratischen Staates – zum Beispiel durch Arbeitsrecht, durch

Hermann Heller (1891–1933)

Wettbewerbsrecht, durch Mitbestimmung, durch Steuerrecht, durch Tarifrecht – könne die Wirtschaftsordnung so gestaltet werden, dass nicht nur einige wenige, sondern viele in der Gesellschaft von ihrem wirtschaftlichen Erfolgen profitieren.

Damit veränderte sich auch der Blick auf den Staat. Sahen die Frühsozialisten oder auch Marx und Engels im Staat vor allem ein Herrschaftsinstrument der Mächtigen, wurde nun in einem demokratischen Staat die Chancn zur Verwirklichung sozialistischer Ideen gesehen. Nicht mehr Unterdrückung von Meinungen durch den Repressionsstaat, sondern Garantie der Meinungsfreiheit durch den Staat – um nur ein Beispiel zu nennen. Heller brachte es auf den Punkt «Sozialismus ist nicht Aufhebung, sondern Veredelung des Staates.» (Heller in Krell, 2015: 145)

Die Kritik an sozialer Ungleichheit blieb. Denn eine wirklich gleichberechtigte Demokratie, in der alle die Chance haben, die gemeinsamen Angelegenheiten in gleichem Umfang zu beeinflussen, die braucht auch in wirtschaftlicher und sozialer Hinsicht eine Begegnung auf Augenhöhe. Sonst werden die Reichen ihr Geld auch zu politischem Einfluss ummünzen können, während die Armen im täglichen Überlebenskampf keine Kraft mehr für demokratische Mitbestimmung finden. Heller forderte deshalb eine Soziale Demokratie, in der neben den politischen Rechten auch soziale und wirtschaftliche Rechte – wie das Recht auf Arbeit oder gesundheitliche Versorgung – als einklagbare Rechte für jeden garantiert werden. Die Begriffe Sozialismus und Soziale Demokratie hatten deshalb für Heller die gleiche Bedeutung.

Demokratie braucht Begegnung auf Augenhöhe

Spätestens hier müssen wir die Frage in den Blick nehmen, um was es denn jetzt eigentlich geht: Demokratischer Sozialismus oder Soziale Demokratie. Beide Begriffe gehen zurück bis in 19. Jahrhundert. Das Wort von den «Sozial-Demokraten» kommt aus der 1848er-Revolution. Seit 1890 führte die SPD den Namen «Sozialdemokratische Partei Deutschlands».

In den 1920er-Jahren wurde es für die demokratische Arbeiterbewegung immer wichtiger, sich von antidemokratischen Tendenzen abzugrenzen. Die totalitären Regime, die im Osten Europas und in anderen Teilen der Welt versuchten, mit Marx und Engels Unterdrückung und Unfreiheit zu rechtfertigen, brachten auch diejenigen in Misskredit, die für die freiheitlichen und emanzipatorischen Ideen des demokratischen Sozialismus einstanden. Oft genug wurde die sprachliche Nähe im politischen Wettbewerb missbraucht, wie Willy Brandt (1913–1992) schrieb: «Das Bekenntnis zu einem Demokratischen Sozialismus [ist für Sozialdemokraten, CK] selbstverständlich und bedürfte keiner besonderen Erläuterung, wenn nicht durch die politischen Gegner immer wieder Begriffsverwirrungen gestiftet worden wäre.» (Brandt, 1986: 120)

Die Situation spitze sich nach dem Zusammenbruch des Ostblocks 1990 zu. Sozialismus klang nun ungefähr so attraktiv wie Honeckers Cordhüte. In der politischen Kommunikation verzichteten Parteien wie die SPD oder auch die britische Labour Party zunehmend auf ein offensives Zurschaustellen des Begriffs «Demokratischer Sozialismus». Zu groß schien die Notwendigkeit, immer erst klarzustellen, was nicht gemeint ist, bevor man für die eigentlichen Ziele werben konnte.

In der politischen Substanz sind die Unterschiede zwischen beiden Begriffen ehedem schwer auszumachen. Es geht um eine Gesellschaft, in der Menschen frei, gleich und selbstbestimmt leben können und um eine Politik, die die Voraussetzungen dafür schafft.

6
National, international, egal
Warum sich Toni Sender für die Menschenrechte einsetzte

Toni Sender (1888–1964) war eine ungewöhnliche Frau. Im Alter von 13 Jahren verließ sie ihr gutbürgerliches Elternhaus. Sie wollte auf eigenen Beinen stehen und die Welt entdecken. Tagsüber arbeitete sie in einer Frankfurter Immobilienfirma, abends bildete sie sich im Selbststudium weiter. 1910 war Toni 22 Jahre alt. Besondere Ereignisse fallen in dieses Jahr: Sie trat in die SPD ein und sie nahm eine Stelle in Paris an. Dort wurde sie Mitglied der französischen Sozialisten (Hild-Berg, 1994). Eine engagierte Sozialistin, über nationale Grenzen hinweg.

1914 erlebte sie den Ausbruch des Ersten Weltkriegs. Als deutsche Staatsbürgerin musste sie Hals über Kopf Paris verlassen. Auf abenteuerlichen Wegen kehrte sie zunächst in ihr Elternhaus zurück. Für einige Zeit arbeitete sie in einem Lazarett. In ihrer Autobiografie schilderte sie die brutale Logik des Kriegs. «Bald durchschaute ich unsere Illusion, dass wir ‹Wunden heilten›. Nein, unsere Funktion bestand im Grunde nicht darin, Wunden zu heilen, sondern Männer dafür fit zu machen, dass sie wieder in die Schlacht – und vielleicht in den Tod geschickt werden konnten.» (Sender, 1981 [1939]: 70)

Was bleibt vom Internationalismus, wenn der Krieg ausbricht?

Für Toni war schwer zu begreifen, dass ihre beiden Parteien – die deutsche SPD und die französische SFIO – in weiten Teilen im Reichstag und in der französischen Nationalversammlung für Kriegskredite gestimmt hatten. In einem Taumel nationaler Begeisterung wurde der Kriegspatriotismus wichtiger als die Überzeugung, dass man das gleiche Ziel verfolgte, diesseits und jenseits des Rheins. Der Internationalismus, den sich die Parteien der Arbeiterbewegung auf ihre Fahnen und in ihre Programme geschrieben hatte, schien plötzlich sehr weit weg.

Toni Sender
(1888–1964)

Was hatte es eigentlich mit dem Internationalismus auf sich? Fest steht, dass er schon früh mit der Arbeiterbewegung verbunden war. 1855, als sich in einigen Ländern Europas erste Zusammenschlüsse der Arbeiter gebildet hatten, wurde in London die «Internationale Assoziation» von französischen, deutschen und polnischen Flüchtlingen gegründet. 1864 ging es dann richtig los. Die Internationale Arbeiter-Assoziation wurde in der Londoner St. Martins Hall ins Leben gerufen. Karl Marx war dabei und berichtete seinem Freund Friedrich Engels in einem euphorischen Brief davon.

Einen flammenden Appell zur Zusammenarbeit der Arbeiter hatten Marx und Engels schon in ihrem *Kommunistischen Manifest* (1848) formuliert:

> «Proletarier aller Länder, vereinigt Euch.»

«Die Proletarier haben nichts zu verlieren als ihre Ketten. Sie haben eine Welt zu gewinnen. Proletarier aller Länder, vereinigt Euch!» (MEW 4, 493) Hinter dem leidenschaftlichen Aufruf steckte eine nüchterne Analyse: Egal ob in Frankreich, Deutschland, Polen oder England, überall litten die Arbeiterinnen und Arbeiter unter den gleichen Bedingungen. Sie hatten das gleiche Interesse, diese Bedingungen zu überwinden, und konnten ihre Kräfte vervielfachen, wenn sie sich über die nationalen Grenzen hinweg zusammenschließen würden.

Dieses logische Argument führte zu verschiedenen internationalen Zusammenschlüssen. Parteien trafen sich auf internationalen Tagungen, es gab Internationalen Sozialistische Frauenkonferenzen und auch die Gewerkschaften schlossen sich in internationalen Bündnissen zusammen. Später kam es zu einer Trennung der kommunistischen und der sozialistischen Kräfte in diesen Bündnissen. Während die sozialistischen Kräfte sich für Demokratie und Menschenrechte aussprachen, verfolgten kommunistische Kräfte die Vorstellung einer Einparteienherrschaft.

Toni Sender war 1914 enttäuscht, dass die Idee von Zusammenhalt und Kooperation einen Krieg nicht verhindern konnte. Sie war allerdings nicht entmutigt, sondern engagierte sich weiter. Im März 1915 reiste sie nach Bern in die neutrale Schweiz, um auf einer Internationalen Sozialistischen Frauenkonferenz für den Frieden zu werben. Später wurde sie Reichstagsabgeordnete der SPD. Dort engagierte sie sich unter anderem für internationale Abrüstungsabkommen und freie Handelsbeziehungen.

1933 musste sie erneut fliehen. Nach der Machtübertragung an die Nationalsozialisten und den ersten Wochen des NS-Terrors war ihr bewusst, dass sie die an sie gerichteten Morddrohungen ernst nehmen musste. Sie flüchtete ohne Gepäck, um nicht aufzufallen. Sie erreichte die Tschechoslowakei, konnte weiter nach Belgien flüchten und kam schließlich 1935 im rettenden amerikanischen Exil an. Und hier begann ein weiterer Abschnitt ihres Lebens, der für die Idee des demokratischen Sozialismus bezeichnend war: Der Einsatz für die internationalen Menschenrechte.

Am 10. Dezember 1948 wurde die Allgemeinen Erklärung der Menschenrechte von der Generalversammlung der Vereinten Nationen verkündet. Schon der erste Artikel ist eine Wucht: «Alle Menschen sind frei und gleich an Würde und Rechten geboren. Sie sind mit Vernunft und Gewissen begabt und sollen einander im Geiste der Brüderlichkeit begegnen.» Die Erklärung spiegelt die Idee wider, dass alle Menschen, egal wo sie wohnen, welchen Geschlechts sie sind, woran sie glauben, wen sie lieben oder ob sie arm oder reich sind, einander in Gleichheit und Freiheit begegnen sollen.

> Jeder Mensch hat Rechte, überall.

Die Allgemeine Erklärung der Menschenrechte wurde ausgearbeitet durch eine Fachkommission des Wirtschafts- und Sozialausschusses der gerade gegründeten Vereinten Nationen. Toni Sender wirkte als Vertreterin der Gewerkschaften in diesem Wirtschafts- und Sozialausschuss mit. Sie brachte dort – wie die *New York Times* schrieb (in Sender, 1981 [1939]: 20) – die sowjetischen Delegierten fast zum Fluchen, unter anderem, weil sie eine Untersuchung sowjetischer Zwangsarbeit forderte.

Toni Sender war auch gut bekannt mit Eleanor Roosevelt. Die Frau des ehemaligen amerikanischen Präsidenten leitete eine international zusammengesetzte Gruppe, die den Text der Menschenrechtserklärung entwarf. Mit der Beteiligung von Experten und Expertinnen aus China, Indonesien, Kanada und anderen Ländern wollte Roosevelt sicherstellen, dass sich in den Menschenrechten nicht nur die Perspektive eines Landes, einer Religion oder einer Kultur wiederfand. Tatsächlich konnten Wissenschaftler später nachweisen, dass sich die Idee, dass jeder einzelne Mensch etwas Besonderes ist und Schutz und Freiheit verdient, in unterschiedlichsten Kulturen der Welt herausgebildet hat (Joas 2011, 2015).

1966 wurden einige der zentralen Ideen der Erklärung der Menschenrechte auch in völkerrechtlich verbindliche Menschenrechtspakte übersetzt. Der Pakt über bürgerliche und politische Rechte (Zivilpakt) umfasst zum Beispiel das Recht auf freie Meinungsäußerung und freie Wahl und ein Verbot von Zwangsarbeit. Der Pakt über wirtschaftliche, soziale und kulturelle Rechte (Sozialpakt) umfasst ein Recht auf Arbeit, angemessenen Lebensunterhalt durch Arbeit, ein Recht auf Mutterschutz, freie Gewerkschaften und Bildung. In modernen Konzepten Sozialer Demokratie spielen diese Rechte eine Schlüsselrolle (Meyer, 2005). Inzwischen haben über 160 Staaten weltweit diese Pakte unterzeichnet. Das bedeutet bei Weitem nicht, dass sich alle Staaten an diese Verpflichtungen halten. Aber jede Regierung muss sich an dem Anspruch der Menschenrechte messen lassen.

Toni Sender war klar: Der Kampf gegen Unfreiheit, gegen Ausbeutung, gegen Diskriminierung ist ein Kampf, der nicht an einer staatlichen oder geografischen Grenze halt machen kann. Ein gutes Leben nur für einige, nicht für alle, das ist nicht zu rechtfertigen und auf Dauer auch nicht praktisch darstellbar. Und dafür braucht es tatkräftiges politisches Handeln, national und international. In Zeiten, in denen sich die gesamte Weltgemeinschaft gemeinsam gegen den Klimawandel stemmen muss und zugleich an vielen Orten nationalistischer Egoismus aufflammt, könnte ihr Ansatz kaum aktueller sein.

7

Theorie und Praxis

Wie Willi Eichler das Nachdenken vordachte

Wer sich mit dem demokratischen Sozialismus auseinandersetzen will, der braucht vor allem eins: eine ziemlich leistungsstarke Lesebrille. Unzählige Werke wurden geschrieben, in denen immer wieder neue Ideen, Bausteine und Argumente zu Theorien verdichtet wurden. Marx' und Engels' Werke umfassen alleine 44 ziemlich dicke Bände. Und jeden Tag erscheint irgendwo irgendein Aufsatz, ein Büchlein oder sogar ein dicker Wälzer, der sich in theoretischer Perspektive mit dem Sozialismus auseinandersetzt.

Warum schreiben Sozialisten so gerne? Eine der Ursachen liegt in der politischen Bewegungsrichtung begründet. Sozialisten und auch Liberale wollten und wollen die Dinge verändern. Sie habe eine Idee von einer besseren Ordnung der Dinge. Konservative politische Strömungen wollen das Bestehende bewahren. Vielleicht geht es hier oder da um eine Modernisierung, aber im Kern sollen die Dinge so bleiben, wie sie sind. Das verklärte Reden von der «guten, alten Zeit» schwingt da mit. Und gewiss auch die Angst vor Veränderungen. Wer aber Fortschritt will, muss diese Veränderung beschreiben können. Hier geht es um die Hoffnung, dass eine bessere Welt möglich ist. Wer das will, muss zeigen, wo die Reise hingehen soll und wie man ans Ziel kommt. Das allein begründet eine stärkere Theorieorientierung bei fortschrittlichen politischen Kräften.

Politische Theorie als Kompass

Bestenfalls kann eine gute Theorie die gesellschaftlichen Verhältnisse und ihre Veränderungen erklären und einen Zielhorizont für das politische Handeln beschreiben. Sie kann wissenschaftliche Erkenntnisse für die politische Praxis erschließen und der politischen Bewegung eine Richtung geben. Vielleicht ist sie auch eine Plattform für den Austausch mit Intellektuellen und einer breiteren Öffentlichkeit. Und gewiss beschreibt sie Ansprüche, an der sich das konkrete Handeln einer politischen Bewegung messen lassen muss. Ohne Theorie wäre die politische Praxis nur aktuellen Stimmungen und kurzfristigen Nutzenkalkülen unterworfen, eine zielgerichtete, langfristige Entwicklung wäre kaum möglich. Politische Theorie kann in diesem Sinne wie ein Kompass wirken, mit dem man die Richtung bestimmt.

Es geht auch anders: Schlimmstenfalls hat die Theorie einer politischen Bewegung gar nichts mit der politischen Praxis zu tun, weil sie zu abgehoben und zu realitätsfern ist. Oder weil die politischen Handelnden sich schlicht nicht für eine übergreifende Standortbestimmung interessieren, sondern im täglichen Ringen um Details oder um sich selbst den Blick fürs große Ganze verlieren. Dann kommt es zu einem unproduktiven Nebeneinander von Theorie und Praxis.

Wie entscheidend umsichtiges Vordenken für eine erfolgreiche politische Praxis war, zeigte sich in der deutschen SPD in den 1950er- und 1960er-Jahren. Nach dem II. Weltkrieg ging die SPD davon aus, dass ihr die Unterstützung der Wähler und Wählerinnen sicher sein werde. Schließlich stand die SPD gegen die Nazi-Diktatur und hatte für das andere, gute Deutschland gekämpft. Doch es kam anders. Bei der ersten Wahl zum Deutschen Bundestag 1949 waren CDU/CSU und SPD zwar noch fast gleichauf, doch danach vergrößerte sich der Abstand bei jeder Wahl zugunsten der CDU.

Um wieder politische Mehrheiten zu erringen, hatte die SPD ihr politisches Programm von Grund auf erneuert. Das Godesberger Programm (1959) verabschiedete sich von einem orthodox interpretierten, marxistischen Geschichts-

Godesberger Programm: Freiheit, Gerechtigkeit und Solidarität

Susanne Miller (1915–2008)

verständnis und stellte statt dessen die Grundwerte Freiheit, Gerechtigkeit und Solidarität «an die Spitze des Programms» – wie Susanne Miller (1915–2008) als Sekretärin der Programmkommission prägnant zusammenfasste (in Krell/Woyke, 2015: 124). Mit dem Programm war eine programmatische Ausrichtung an Werten verbunden, eine zeitgemäße Analyse der Gegenwart und ein zupackender, moderner Forderungskatalog.

Die Frage, ob man den Kapitalismus überwinden müsse, vielleicht gar mit einer Revolution, stand nicht mehr im Vordergrund. Seit Jahrzehnten hatte man die Erfahrung gemacht, dass man mit dem Recht und demokratischen staatlichen Strukturen die Wirtschaft so lenken kann, dass sie für die Mehrheit der Menschen funktioniert, nicht nur für einige wenige. Allerdings war damit auch klar, dass es eine kluge Mischung braucht aus gesellschaftlichen Rahmensetzungen und freiem Zusammenspiel der wirtschaftlichen Kräfte. «Wettbewerb so weit wie möglich – Planung so weit wie nötig.» Das war die

Wendung des Godesberger Programms zu diesem Gedanken.

Wie ein roter Faden zog sich die Idee um Demokratie und Sozialismus durch das Programm. «Sozialismus wird nur durch die Demokratie verwirklicht, die Demokratie durch den Sozialismus erfüllt.» So hieß im Abschnitt zu einer menschenwürdigen Gesellschaft. Der Gedanke Hermann Hellers findet sich darin wieder: Wenn Demokratie tatsächlich funktionieren soll, muss man sich auf Augenhöhe begegnen können, alle müssen teilhaben können. Demokratie wurde von der SPD nicht nur als irgendein Entscheidungsverfahren beschrieben, sondern als zentral für die Würde des Menschen. Nur unter demokratischen Bedingungen könne sich die menschliche Würde frei entfalten. Deshalb sollte sich die Demokratie auch nicht nur auf den Staat erstrecken, sondern auch auf andere Lebensbereiche wie die Wirtschaft.

In allen Lebensbereichen: Demokratie

Tatsächlich konnte die SPD nach der Verabschiedung dieses Programms erstaunliche Erfolge erzielen. Von Wahl zu Wahl konnte die SPD zulegen. Neben all den neuen Inhalten, die von neuen Personen verkörpert wurden, waren sicher auch die Diskussionen um das neue Programm wichtig. Willi Eichler (1896–1971) war verantwortlich dafür und stand an der Spitze einer Kommission, deren Name allein bezeichnend war. Er lautete: «Kommission zur Weiterführung der Parteidiskussion». Es ging darum miteinander zu reden, zu streiten, zu debattieren, in der Partei und darüber hinaus. Das führte in der SPD zu einem gemeinsamen Verständnis davon, wofür man sich engagierte und in der breiten Öffentlichkeit wurde klar, wofür die SPD stand. Die Programmdiskussion trug so zu den Wahlsiegen der SPD in den 1960er- und 1970er-Jahren bei.

Willi Eichler (1896–1971)

Strategie: Miteinander reden

Um die Godesberger Beratungen herum entstand deshalb eine ganze Diskussionsinfrastruktur: Neue Zeitungen wurden gegründet, Bildungsstätten errichten, Diskussionszirkel gegründet. Später wurde eine «Grundwertekommission» eingerichtet, die jenseits der Tagespolitik die langfristigen Fragen der Politik mit den Wertorientierungen der SPD verknüpfen sollte. Es wurde gemeinsam vorgedacht. Der politische Erfolg gab denjenigen recht, die eine lebendige Verbindung zwischen Theorie und Praxis forderten. Und er bestätigte, was der langjährige Vorsitzende der SPD-Grundwertekommission Erhard Eppler (1926–2019) immer wieder betonte: «Ein Programm ist nur so viel wert wie die Diskussion, die dahin geführt hat.» (Eppler 1985, in Krell/Woyke, 2015: 124)

8
Industrie oder Ökologie
Warum Erhard Eppler eine Wende wollte

Hochöfen, Bergwerke, Spinnereien und Chemiefabriken – die Orte, an denen die sozialistische Bewegung ihre Anhängerinnen und Anhänger fand, waren häufig Zentren der industriellen Produktion. Die Parteien des demokratischen Sozialismus wurden oft als Arbeiterpartei verstanden. Den Tatsachen entsprach so ein enges Label nie. Es waren immer unterschiedliche Gruppen, die die Parteien getragen haben. In ihren Anfängen waren neben der breiten Basis der Arbeiter z. B. auch Handwerker wichtig. Es stimmt aber, dass zahlreiche Forderungen sich zunächst auf die Arbeiter und Arbeiterinnen bezogen. Zugleich war damit immer ein universeller Anspruch verbunden. Es ging nicht darum, neue Privilegien nur für eine Gruppe in der Gesellschaft zu erkämpfen, sondern Freiheitsspielräume für möglichst alle zu erreichen.

Zu dem industriellen Kapitalismus, der die Entstehung der sozialistischen Ideen und Gruppen so sehr prägte, bestand ein ambivalentes Verhältnis. Einerseits war dort Ausbeutung allgegenwärtig und die Arbeitsbedingungen waren hart. Andererseits lieferten die Arbeitsplätze dort auch Lohn und Brot, und die Arbeiterbewegung war lebensweltlich eng verbunden mit dieser Form der Arbeit. Wenn heute auf Parteitagen Lieder aus dem Bergbau gesungen werden, werden die Spuren dieser Verbindung besonders sichtbar. Umso erstaunlicher ist, dass es schon in den Anfängen der sozialistischen Bewegung einzelne Stimmen gab, die die Auswirkungen industrieller Produktion auf die Natur anprangerten.

Richtig Fahrt nahm die Debatte nach der Veröffentlichung des Club of Rome zu den Grenzen des Wachstums (1972) auf. In einem bemerkenswerten Buch diskutierte Erhard Eppler (1975) die planetaren Grenzen des Wirtschaftswachstums. Er fragte,

Neue Perspektive: Qualität des Lebens

Erhard Eppler
(1926–2019)

ob wir zu einer grundlegenden Wende in der Lage sind oder ob wir dem existenziellen Ende des Menschen auf diesem Planeten entgegensehen. Es war auch Eppler, der schon einige Jahre zuvor die Gleichsetzung von ständigem Wachstum und Fortschritt ablehnte. Ausgerechnet auf einer Tagung der IG Metall hielt er ein aufsehenerregendes Referat unter dem Titel *Die Qualität des Lebens* (1972).

Ein ständiges Weiterwachsen der Wirtschaften in den Industrieländern sei, so Eppler, schon damals nicht mehr möglich. Unser Planet gibt das schlicht nicht mehr her. Aber: Es ist auch gar nicht nötig. Denn für die Qualität des Lebens oder gar das Glück des Einzelnen ist rein quantitatives Wachstum zumindest ab einer gewissen Wohlstandsschwelle nicht entscheidend. Materielle Sicherheit ist gewiss eine entscheidende Bedingung für ein gutes Leben. Sozialdemokratische Parteien müssen sich für diese Sicherheit einsetzen. Aber es braucht neue Maßstäbe jenseits des BIP-Wachstums, um mehr Lebensqualität zu erreichen.

Die Auseinandersetzung darüber ist bis heute nicht abgeschlossen. Es gab seit dem unzählige Kommissionen, Tagungen und Initiativen, um jenseits des rein quantitativen Wirtschaftswachstums Messgrößen für den Fortschritt in unseren Gesellschaften zu entwickeln. Über Zeitreichtum, Glück oder ein Leben im Einklang mit der Natur wurde gesprochen. Vom Thron gestoßen wurde das BIP aber noch nicht.

Was kann der demokratische Sozialismus zur Bewältigung der Klimakrise beitragen? Um diese Frage zu beantworten, muss man zunächst verstehen, dass die Klimakrise eng verbunden ist mit der Art und Weise, wie wir wirtschaften. Niclas Stern, der für die britische Regierung einen Bericht (Stern, 2006) zu den Kosten des Klimawandels verfasst hat, hat es auf den Punkt gebracht: «Climate change is a result of the greatest market failure the world has seen.» (Stern, 2007) Der Klimawandel sei deshalb das Ergebnis von Marktversagen, weil diejenigen, die treibhausschädliche Emissionen verursachen in der Regel nicht diejenigen seien, die die damit verbundenen Kosten tragen würden.

Klimawandel ist Marktversagen

Noch grundsätzlicher formuliert es die US-amerikanische Politikwissenschaftlerin Nancy Fraser: «Die kapitalistische Wirtschaft ist systematisch darauf ausgerichtet, von einer Natur zu profitieren, die sich nicht wirklich unbegrenzt selbst erneuern kann, und steht deshalb immer kurz davor, ihre eigenen ökologischen Bedingungen der Möglichkeit zu destabilisieren.» (Fraser, 2023: 142) Wer den dramatischen Entwicklungen des Planeten etwas entgegensetzen will, muss sich also auch mit der dort dominanten Wirtschaftsform auseinandersetzen.

Die ständige Steigerungslogik des Kapitalismus stößt also an harte, planetare Grenzen. Endloses Wachstum ist auf einem begrenzten Planeten nicht möglich. Spätestens an dieser Stelle kommt der demokratische Sozialismus wieder ins Spiel. Denn diese Bewegung hat sich ja seit ihrer Entstehung mit der Frage befasst, wie man den Kapitalismus so gestalten und einbetten kann, dass er den Menschen dient und nicht zerstörerisch wirkt. Nicht allein die Frage der Ausbeutung des Menschen steht nun im Vordergrund, sondern auch die der Ausbeutung der Natur.

> Ständiges Wachstum ist bei begrenzten Ressourcen nicht möglich

Kein Wunder also, dass sich in den 1980ern eine Strömung im demokratischen Sozialismus intensiv mit Fragen der Ökologie befasste. Ossip Flechtheim, Fritz Vilmar, Klaus-Jürgen Scherer und andere forderten, dass der demokratische Sozialismus zu einem Ökosozialismus werden müsse (Scherer/Vilmar, 1983). Es ginge nun, so formulierten es die Ökosozialisten, nicht mehr nur darum, die Welt zu verändern, sondern darum, sie zu erhalten. Und zugleich würde ein ökologischer Umbau der Gesellschaften nicht ausreichend Unterstützung finden, wenn er nicht auch die soziale Frage in den Blick nimmt. Heute, nachdem die Welt vier Jahrzehnte weiter an gefährliche, klimatische Kipppunkte herangerückt ist, gibt es eine Renaissance der ökosozialistischen Ideen (exemplarisch: Dörre, 2021).

Nancy Fraser nennt deshalb gleich drei Prioritäten für diejenigen, die sich heute Sozialisten nennen: «Sie müssen die Pflege der Menschen, den Schutz der Natur und die demokratische Selbstverwaltung als höchste gesellschaftliche Prioritäten einführen, die wichtiger sind als Effizienz und Wachstum.» (Fraser, 2023: 243)

Erhard Eppler konnte nur ahnen, wie aktuell seine Forderungen nach wie vor sind: Es geht nicht um industriell erzeugten, materiellen Wohlstand oder um dessen Vervielfältigung. Es geht nicht um immer größere Autos auf immer breiteren Straßen, nicht um immer aufwendigere Verpackungen für immer fragwürdigere Konsumgüter. Es kann nur da um Wachstum gehen, wo es wirklich die Lebensqualität der Menschen steigert. Angesichts der Klimakrise muss man ergänzen: Es kann nur das Wachsen, was unsere Lebensgrundlagen als Menschen auf diesem Planeten sichert. Damit hat Eppler geholfen, dass die alten Parteien der Arbeiterbewegung, die eng verbunden waren mit der Industrialisierung, ein Fortschrittsverständnis für die postindustrielle Ära entwickeln konnten.

9
Verteilung oder Anerkennung
Warum Alexandria Ocasio-Cortez zeigt, dass das keine Gegensätze sind

«The Old Oak» – die alte Eiche. So heißt ein Pub in dem gleichnamigen Film des britischen Regisseurs Ken Loach. Er liegt in einem abgewirtschafteten Städtchen im Norden Englands. Die Minen, die lange Arbeit und Einkommen in der Region gesichert hatten, sind längst stillgelegt, Schulen geschlossen und Geschäfte abgewandert, Hauser verfallen. Armut und Resignation haben sich breitgemacht. An den Wänden des Pubs hängen Bilder des gemeinsamen Streiks, als alle sich untergehakt haben, um sich gegen die Minenschließungen durch die Thatcher-Regierung zu stemmen. Sie wirken wie aus einer längst vergangenen Zeit.

Als in den leer stehenden Häusern des Orts syrische Bürgerkriegsflüchtlinge untergebracht werden, löst das ganz unterschiedliche Reaktionen aus. Es gibt diejenigen, die sofort helfen. Beim Einzug wird mit angepackt und ein Fahrrad wird gespendet. Es gibt diejenigen, die nicht verstehen, dass die neu dazugekommen plötzlich ein Fahrrad bekommen, obwohl sie auch gerne eins hätten. Und es gibt diejenigen, die mit Hass und Wut auf alles reagieren, was ihnen fremd erscheint.

Das Bild, das Ken Loach hier zeichnet, ist in vielen Teilen Europas zu beobachten. Die Enttäuschung und die Wut derjenigen, die sich abgehängt fühlen und es tatsächlich auch sind, mischt sich mit einer Abgrenzung von den Anderen. In der Soziologie wird dieser Mechanismus als «Othering» beschreiben. Menschen werden als «anders» klassifiziert, nicht zuletzt, um den eigenen Status in Abgrenzung zu den «Anderen» zu betonen.

Klarer Fall: Die anderen sind schuld. Oder?

Dieses «Othering» hat weitreichende Folgen: Wenn ich jemanden nicht als meinesgleichen betrachte, als Mensch, der ähnliche Bedürfnisse, Wünsche und auch Rechte hat wie ich, sondern schlicht als

Anderen, der nichts mit mir gemein hat, dann muss ich ihn auch nicht als Menschen behandeln. Womit dieses «Anderssein» begründet wird, kann dabei vielfältig sein. Manchmal geht es um die Hautfarbe oder Nationalität, manchmal um das Geschlecht, die Religion oder um die sexuelle Orientierung.

Was manche Stammgäste im «Old Oak» übersehen ist, dass sich sowohl sie also auch die neu dazugekommenen in einer sehr ähnlichen, misslichen Lage befinden. Aber statt sich gemeinsam gegen die Ursachen von Armut, Ausgrenzung oder Gewalt zu engagieren, grenzt man sich voneinander ab. Ganz gezielt wird dieses «Othering» von politischen Parteien der extremen Rechten genutzt. Sie profitieren davon, Menschen gegen Menschen auszuspielen, und können damit bei Wahlen und Abstimmungen Erfolge erzielen.

Dieser Aufschwung der politischen Rechten traf in den 2000er-Jahren auf Parteien des demokratischen Sozialismus, die in der Defensive waren. Es herrschte Ratlosigkeit. Wofür stehen die Parteien des demokratischen Sozialismus eigentlich noch? Im Osten Europas war die Idee nach dem Scheitern des sogenannten realexistierenden Sozialismus gründlich verbrannt. Und auch im Westen Europas war unklar, was man nach drei Jahren neoliberaler Dominanz noch Hoffen und Fordern konnte.

Auch die Gesellschaften hatten sich verändert. Eine Analyse dazu brachte es dabei Ende der 2010er-Jahre zu einer gewissen Prominenz: In den modernen Gesellschaften käme es zu einer drastischen Polarisierung. An den Endpolen standen sich dabei mit Kosmopoliten und Kommunitaristen zwei ganz verschiedene Lager gegenüber.

Als Kosmopoliten galten dabei jüngere, gut qualifizierte und wohlhabende Eliten, die oft in den Städten lebten, weltoffen und frei, die sich für Menschen- und Freiheitsrechte einsetzten und gar kein Problem mit Migration hatten, schließlich seien sie selbst Teil globaler Wanderungsbewegungen. Denen gegenüber stünden die weniger gebildeten, weniger wohlhabenden Menschen, die ihre lokalen Gemeinschaften schützen wollten, die nicht wollen, dass in ihrem Pub plötzlich Zugewanderte auftauchen und die deshalb gegen Zuwanderung seien und zugleich eine Verteilung des Wohlstands wollen, die sich mehr an ihren Interessen orientiere (vgl. Merkel, 2017).

Im politischen Wettbewerb würden davon vor allem zwei Kräfte profitieren: Grüne und liberale Parteien einerseits, die die Kosmopoliten vertreten und Rechtspopulisten andererseits, die die Kommunitaristen vertreten. Sozialdemokratische Positionen hätten dazwischen kaum mehr einen Raum, entsprechend müssten sich sozialdemokratische Parteien für eine Seite entscheiden (vgl. Merkel, 2018).

Andere betonen genau das Gegenteil: In Zeiten, in denen die Gesellschaften auseinanderdriften, müssen fortschrittliche politische Kräfte zusammenführen. Es ginge darum, Brücken zu bauen, statt Gräben zu vertiefen. Denn wir leben hier gemeinsam und müssen gemeinsam miteinander umgehen. «We are all in this together» – so hat es der ehemalige US-amerikanische Präsident Barak Obama auf dem Punkt gebracht.

Brücken bauen statt Gräben vertiefen

Die Lebenswelten der Menschen lägen, so diese Position, ehedem nicht so weit auseinander, wie behauptet. Und bei den Forderungen nach wechselseitiger Anerkennung und Freiheitsrechten einerseits und Verteilungsgerechtigkeit andererseits gebe es kein zwingendes Entweder-Oder. Sie dienen dem gleichen Ziel: Menschen sollen ein selbstbestimmtes

Alexandria Ocasio-Cortez (1989)

Leben führen können, ohne Armut und ohne Bevormundung (hierzu exemplarisch Hollenberg/Krell, 2019).

In den USA ist eine Politikerin besonders erfolgreich, die beide Forderungen miteinander verknüpft. Alexandria Ocasio-Cortez (* 1989) beschreibt sich selbst als demokratische Sozialistin. Sie wurde 2019 ins Repräsentantenhaus gewählt. Dort setzt sie sich für die Black Lives Matter-Bewegung ein und für einen höheren Mindestlohn. Ihr Beispiel zeigt: Forderungen gegen Diskriminierung und für sozialen Ausgleich stehen zueinander nicht im Widerspruch. Und mit ihnen kann man sogar Wahlen gewinnen. Bernie Sanders (* 1941), der Parteikollege von Alexandria Oacasio-Cortez hat es auf den Punkt gebracht: «Our job is not to divide. Our job is to bring people together» (in: Corasaniti, 2016).

Zusammen essen, zusammen stehen

Im nordenglischen «Old Oak» steht der Wirt TJ Ballantyne zwischen all den unterschiedlichen Gruppen. Zusammen mit einer jungen syrischen Frau gelingt es ihm, eine Tradition aus der Zeit des gemeinsamen Streiks wiederzubeleben. «Zusammen essen, zusammen stehen» – ist das Motto, das sie in die Tat umsetzen. Einmal am Tag wird gemeinsam gekocht und gegessen. Man wird satt, Gräben werden überwunden und man kämpft gemeinsam für ein besseres Leben. Es geht, so bringt es Ballantyne auf den Punkt, «um Solidarität, nicht um Wohltaten.» Freilich machen nicht alle dabei mit, aber viele. Und so entsteht nicht nur eine neue Gemeinschaft, sondern auch eine neue Perspektive für den Ort.

Für einen modernen demokratischen Sozialismus bedeutet das eigentlich gar nichts Neues: Egal, ob man nicht mithalten kann, weil man seinen Job verloren hat oder weil der Lohn einfach nicht zum Leben reicht. Egal ob man wegen seiner Hautfarbe, seiner Religion oder seines Geschlechts diskriminiert wird. Beides muss überwunden werden.

10
Wie weiter?
Warum eine Veränderung zum Besseren möglich ist

«Is this the world you want? You're making it – everyday you're alive» singt die Band Switchfoot in ihrem Lied «The world you want». Sie verweisen auf einen schlichten, aber oft ignorierten Zusammenhang, der für demokratisch verfasste Gesellschaften gilt: Wie unsere Welt aussieht, liegt in unseren Händen. Jeder trägt seinen oder ihren Teil zu dieser Welt bei. Und gemeinsam, wenn man sich zusammenschließt, kann man dieser Welt eine andere Richtung geben. Das ist eine der Erfahrungen der Arbeiterbewegung. In der letzten Strophe von «The world you want» heißt es: «You change the world!»

You change the world

Die Leitidee der Arbeiterbewegung erlebt gerade eine erstaunliche Renaissance. Nachdem der Begriff des demokratischen Sozialismus seit den 1990er-Jahren ziemlich aus der öffentlichen und akademischen Debatte verschwunden war, kehrt er nun zurück. In wenigen Jahren sind zahlreiche Bücher veröffentlicht worden, die die Ideen des demokratischen Sozialismus wieder aufnehmen. Robert Misik (2015) erklärt den Gedankenhorizont des Sozialismus, Axel Honneth (2015) beschreibt umfassende soziale Freiheit als die eigentliche Idee des Sozialismus, Klaus Dörre (2021) nimmt Bezug zum Sozialismus für die Vision einer nachhaltigen Gesellschaft und Nancy Fraser (2022) setzt dem «Allesfresser» Kapitalismus den Sozialismus als Alternative entgegen. Und Thomas Piketty (2021) fordert einen «Sozialismus der Zukunft».

Für politische Veränderungen ist es wichtig, dass mit einer politischen Idee eine Veränderungsrichtung entwickelt wird, eine Vorstellung davon, wie sich die Gegenwart in Richtung einer besseren Zukunft verändern soll. Ziele, Konzepte und Bilder sind dafür notwendig. Und vor allem die Überzeugung, dass Fortschritt möglich ist und dass tatsächlich eine bessere Welt geschaffen werden kann (Krell, 2022). Fatalismus ist keine politische Haltung.

Dieser kleine Gang durch einige Ideen aus der Geschichte des demokratischen Sozialismus hat auch gezeigt, dass nichts unmöglich ist. Forderungen nach gleichem Wahlrecht, einem Mindestlohn, einer Arbeitslosenversicherung oder der Ehe für gleichgeschlechtliche Paare wurde mitunter verlacht, als sie zum ersten Mal in Reden und Programmen auftauchten. Durch Zuversicht, mutiges Werben und beharrliches Handeln konnten diese Forderungen Praxis werden und das Leben von vielen Menschen verbessern.

Angesichts all der Krisen, mit denen die Welt gerade konfrontiert ist, ist die Kernidee des demokratischen Sozialismus hoch attraktiv:

> Das Ziel:
> Ein gutes Leben für alle

Es geht um eine Welt, die nicht einem zerstörerischen Wirtschaftssystem zum Opfer fällt, sondern auch in Zukunft noch lebenswert ist. Es geht um eine demokratische Ordnung, in der unterschiedliche Interesse fair ausgehandelt und in gute Kompromisse übersetzt werden. Es geht um den Kampf gegen Rassismus, Sexismus, Homophobie, Islamfeindlichkeit, Antisemitismus und Gewalt gegen Minderheiten. Und es geht um den Kampf für faire Löhne, bezahlbares Wohnen, vernünftige Pflege und sozialen Zusammenhalt. Es geht um einen Staat, der seinen Bürgern dient, sie schützt und ihnen Freiheit ermöglicht. Es geht um eine Gesellschaft, in der Jeder und Jede ein freies Leben führen kann, in der das Geschlecht oder der soziale Hintergrund nicht über den Lebensweg bestimmt und in der kein anderer entscheidet, wen man lieben darf und wen nicht.

> Es geht um den Kampf für ein demokratisches Miteinander, faire Löhne …

Literatur

Beauvoir, Simone de (1951): *Das andere Geschlecht. Sitte und Sexus der Frau.* Rowohlt, Hamburg 1951, S. 265

Bernstein, Eduard (1897/1898): «Der Kampf der Sozialdemokratie und die Revolution der Gesellschaft». In: *Die Neue Zeit.* 16. Jg. Bd. 1, S. 548–557.

Bernstein, Eduard (1984 [1899]): *Die Voraussetzungen des Sozialismus und die Aufgaben der Sozialdemokratie.* Bonn.

Brandt, Willy (1986): «Demokratischer Sozialismus». In: Meyer, Thomas et al (Hrsg.): *Lexikon des Sozialismus.* Köln. S. 120–123.

Corasaniti, Nick (2016): «Bernie Sanders Relies on Supporters for Ad About Unity». In: *New York Times.* 13.02.2016. (nytimes.com: https://is.gd/kuRjxV, 30.12.2023).

Dörre, Klaus (2021): *Die Utopie des Sozialismus. Kompass für eine Nachhaltigskeitsrevolution*. Berlin.

Eppler, Erhard (1975): *Ende oder Wende? Von der Machbarkeit des Notwendigen*. Stuttgart.

Fraser, Nancy (2023): *Der Allesfresser. Wie der Kapitalismus seine eigenen Grundlagen verschlingt*. Berlin.

Grebing, Helga (2015): «August Bebel – Kaiser der Arbeiter». In: Krell, Christian (Hrsg.): *Vordenkerinnen und Vordenker der Sozialen Demokratie*. Bonn. S. 54–59.

Grebing, Helga (2015): «Rosa Luxemburg und ihr Konzept einer Sozialistischen Demokratie». In: Krell, Christian (Hrsg.): *Vordenkerinnen und Vordenker der Sozialen Demokratie*. Bonn. S. 214–220.

Heimann, Horst / Küpper, Hendrik / Scherer, Klaus-Jürgen (2020) (Hrsg.): *Geistige Erneuerung links der Mitte. Der Demokratische Sozialismus Eduard Bernsteins*. Marburg.

Heller, Hermann (1971): *Gesammelte Schriften*. Bde. 1–3. Leiden.

Hill-Berg, Annette (1994): *Toni Sender. Ein Leben im Namen der Freiheit und der Gerechtigkeit*. Köln.

Hollenberg, Sönke / Krell, Christian (2018): «Die Linke, die Kosmopoliten und die Kommunitaristen. Über einen Gegensatz, der keiner sein muss». In: *SPW*, H 6. S. 59–65.

Honneth, Axel (2015): *Die Idee des Sozialismus*. Berlin.

Joas, Hans (2011): *Die Sakralität der Person. Eine neue Genealogie der Menschenrechte*. Berlin.

Joas, Hans (2015): *Sind die Menschenrechte westlich?* München.

Krell, Christian (2015) (Hrsg.): *Vordenkerinnen und Vordenker der Sozialen Demokratie. 49 Porträts*. Bonn.

Krell, Christian (2022): «Progressive. Changing lives for the better». In: Murray, Kate / Skrzypek, Ania

(Hrsg.): *Enduring Values. How progressives across Europe can win*. London/Brüssel. (feps-europe.eu: https://is.gd/NBwO30, 30.12.2023). S. 11–17.

Krell, Christian / Woyke, Meik (2015): «Die Grundwerte der Sozialdemokratie. Historische Ursprünge und politische Bedeutung». In: Krell, Christian / Mörschel, Tobias (Hrsg.): *Werte und Politik*. Wiesbaden. S. 93–138.

Marx, Karl / Engels, Friedrich (1956–1983): *Werke*. Band 1–42. Berlin. MEW.

Merkel, Wolfgang (2018): «SPD muss Anspruch der Volkspartei aufgeben». In: *Tagesspiegel*, 26.06.2018. (tagesspiegel.de: https://is.gd/G5dUNJ, 30.12.2023).

Meyer, Thomas (1977): *Bernsteins konstruktiver Sozialismus: Eduard Bernsteins Beitrag zur Theorie des Sozialismus*. Bonn.

Meyer, Thomas (2005): *Theorie der Sozialen Demokratie*. Wiesbaden.

Misik, Robert (2015): *Was Linke Denken. Ideen von Marx über Gramsci zu Adorno, Habermas, Foucault & Co.* Wien.

Morina, Christina (2017): *Die Erfindung des Marxismus. Wie eine Idee die Welt eroberte*. Berlin.

Pfahl-Traughber, Armin (2020): «Demokratie und Sozialismus im Zusammenhang. Eduard Bernstein und Rosa Luxemburg im Vergleich». In: Heimann, Horst / Küpper, Hendrik / Scherer, Klaus-Jürgen (Hrsg.): *Geistige Erneuerung links der Mitte. Der Demokratie Sozialismus Eduard Bernsteins*. Marburg. S. 47–72.

Piketty, Thomas (2021): *Der Sozialismus der Zukunft. Neue Interventionen*. München.

Scherer, Klaus-Jürgen / Vilmar, Fritz (1983): «Der Demokratische Sozialismus muss ein Ökosozialismus werden». In *L'80*. H. 26. S. 14–23.

Scholle, Thilo (2015): «Herman Heller und der soziale Rechtsstaat». In: Krell, Christian (Hrsg.): *Vordenkerinnen und Vordenker der Sozialen Demokratie.* Bonn. S. 145–151.

Scholle, Thilo (2023): *Hermann Heller. Begründer des sozialen Rechtsstaats.* Berlin.

Sender, Toni (1981 [1939]): *Autobiografie einer deutschen Rebellin.* Hrsg. von Gisela Brinker-Gabler. Frankfurt a. M.

Stern, Nicholas (2006): «Report on the Economics of Climate Change». London. (webarchive.nationalarchives.gov.uk: https://is.gd/2kgYH2, 28.12.2023).

Stern, Nicholas (2007): «Climate change a market failure». In: *The Guardian*, 29.11.2007. (theguardian.com: https://is.gd/LHFlzS, 28.12.2023).

Danksagung

Mein herzlicher Dank gilt Klaus-Jürgen Scherer und Hendrik Küpper von der Hochschulinitiative Demokratischer Sozialismus für die Anregung zum Text und den inspirierenden Austausch.